1875

In der nordöstlichen Ecke der USA,
nahe der Stadt Auburn, steht ein rotes Backsteinhaus.
Es wurde vor mehr als 140 Jahren erbaut und diente als Farmhaus,
als Altersheim, als Museum und als Zufluchtsort für ehemals versklavte Frauen,
Männer und Kinder. Es stand an vorderster Front in der amerikanischen Geschichte –
vom Unabhängigkeitskrieg über die Underground Railroad, durch die Sklaven in die
Freiheit gebracht wurden, und den Amerikanischen Bürgerkrieg bis zum Kampf für
das Frauenwahlrecht. Und es war ein sicherer Ort für Harriet Tubman,
ihre Familie und viele andere. Dies ist die Geschichte
eines bemerkenswerten Hauses.
Ich wünsche Ihnen viel Freude damit.

Judith Gladys Bryant,
Ur-Ur-Großnichte von Harriet Tubman

Vor langer Zeit war da ein Wald mit ein paar Bibern, ein paar Eichhörnchen und einer Familie von Schwarzbären. Manchmal wanderten dort Menschen ruhigen Schrittes durch die Bäume oder sprangen über den Bach. Es war ein stiller und glücklicher Ort.

Viele, viele Jahre lang blieb das so. Die Sonne ging auf, die Biber bauten ihre Dämme, die Bären suchten nach leckeren Beeren. Die Eichhörnchen schnupperten hier und dort und huschten hin und her. Die Schritte der Menschen waren ruhig. Die Sonne ging unter. Wenig änderte sich.

Eines Tages kamen Soldaten und nahmen den Bibern, den Bären, den Eichhörnchen und den Menschen, die dort so ruhig lebten, das Land weg.

Das Land wurde von einem Richter gekauft. Die Luft war nun erfüllt vom Geräusch krachender Bäume und kreischender Sägen.

Der Richter wohnte in der Stadt und überließ das Land einem Farmer und seiner Frau.
Sie arbeiteten schwer, um aus dem Land fruchtbare Felder zu machen.
Sie pflügten die Erde und säten. Sie bewässerten die Pflanzen und verjagten die Vögel.

Sie jäteten Unkraut und sie ernteten. Und wenn es in der Sonne warm war, rannten ihre Kinder über die Felder und spielten im plätschernden Bach.
Es war eine glückliche Farm.

1850er

Fünf, zehn, fünfzehn Sommer vergingen.
Die Bauersleute bewirtschafteten die Farm.
Die Kinder wurden groß und zogen weg.
Und bald war die Farm ganz allein. Sie verwilderte.
Als der Richter starb, ging der Hof auf seine Tochter über. Sie beseitigte den Wildwuchs und ließ ein kleines Holzhaus darauf bauen.
Und sie fragte sich, wer dort wohl wohnen würde.

Eines Morgens kam eine junge Frau zu dem Haus. Sie hatte einen entschlossenen Blick, und in ihrem Herzen loderte Leidenschaft. Sie hatte sich aus der Sklaverei befreit und war auf der Suche nach einem Ort, den sie ihr Zuhause nennen konnte.

1859

Die junge Frau mit dem entschlossenen Blick liebte das Haus mit seinen bunten Wänden und starken Balken und der überdachten Veranda, die Schutz vor dem Regen bot. Und sie liebte das Leben auf der Farm mit seinen Bäumen, die im Wind sangen, dem plätschernden Bach und den neugierigen Tieren.
Das Haus war sicher.
Es war wunderschön.
Es gehörte ihr.

Aber sie vermisste ihre Familie. Das Haus war traurig ohne sie. Also machte sie sich auf die Suche nach ihren Eltern und ihrem Bruder, die ebenfalls diesem Ort des Schmerzes entflohen waren. Es war eine lange und beschwerliche Reise. Aber sie gingen einfach immer weiter. Bis sie schließlich das Haus auf der Farm erreichten.
Wo sie endlich Liebe spürten.
Und Heimat.
Und Sicherheit, …

... aber nur für kurze Zeit. Böse Männer kamen und hämmerten an die Tür: BAMM, BAMM, BAMM. Aber gerade noch rechtzeitig waren die Frau und ihre Familie geflohen. Das Haus war wieder allein.

Als die bösen Männer weg waren, kehrte die Familie zurück. Sie musste die Kühe, die Hühner und das Getreide versorgen.

1859

Doch es gab andere, die noch nicht frei waren. So verabschiedete sich die Frau mit dem entschlossenen Blick von ihrer Familie und machte sich wieder auf den Weg. Der Mond ging auf. Der Mond ging unter. Ihre Eltern und Brüder warteten und warteten und warteten. Schließlich kehrte sie zurück mit einem Lied auf den Lippen: „O GLORY, GLORY, HALLELUJAH." Und mit ihr kamen diejenigen, die sie befreit hatte.

Und im Haus herrschte wieder Frieden ...

1862

Dann kam die Nachricht vom Krieg, und die Frau mit dem entschlossenen Blick zog in den Kampf. Für Freiheit, Gerechtigkeit und Frieden. Ihre Familie blieb zurück, um auf die Farm aufzupassen. Sie fütterten die Tiere und kümmerten sich um die Feldfrüchte. Sie schöpften das Wasser aus dem Brunnen. Das Leben war hart. Die Jahre vergingen. Erst eines, dann zwei, dann drei.

1865

Bis der Krieg endlich zu Ende war.

Müde und gezeichnet von der Welt da draußen
kehrte die Frau mit dem entschlossenen Blick heim
und war froh, wieder im Haus auf der Farm zu sein.

1869–1874

Die Frau heiratete einen Mann, der ebenfalls im Krieg gekämpft hatte. Und sie adoptierten ein kleines Mädchen, das vor Freude über die im Wind singenden Bäume und über den plätschernden Bach und über die neugierigen Tiere quietschte.

1870er

Der Ort war nun erfüllt vom Klang harter Arbeit und von Lachen. Sie fütterten die Schweine. Melkten die Kühe. Verkauften Eier und Butter auf dem Markt. Und brannten aus dem Lehm des Bodens orangefarbene und rote Ziegel.

1880

Eines Nachts hatte etwas eine Flamme entfacht. Diese wuchs und wuchs, bis sie ein großes hungriges Feuer war. Es fraß sich in die bunten Wände. Es fraß sich in die Holzbalken. Es fraß sich an der Veranda fest, die Schutz vor Regen geboten hatte. Alles, was übrig blieb, war die steinere Stufe zum Eingang, waren Asche, Ruß und verbrannte Träume.

Um die steinerne Stufe herum bauten sie ein neues Haus aus schönen orangefarbenen und roten Ziegeln. Sie fügten glänzende Fenster ein. Und sie strichen die Wände in leuchtenden fröhlichen Farben.
Die Familie ließ sich nicht entmutigen.

1885

Aber sie brauchte Geld. Also lief die Frau mit dem entschlossenen Blick die Straßen ab und sammelte Abfälle, Schalen und Hühnerknochen und gab dies ihren Schweinen zum Mampfen und Kauen.
Und für lange Zeit war das genug.

Dann schlug das Unglück wieder zu. In den Abfällen war etwas Schlechtes gewesen, das die Schweine vergiftete. Viele starben. Aber die Frau ließ sich nicht entmutigen und fing wieder von vorne an.

Die Jahre vergingen, und die Frau war nicht mehr jung. Doch sie machte weiter. Sie verstand, wie wichtig es ist, ein Zuhause zu haben, und wollte, dass andere das auch hatten. Also kaufte sie die Farm nebenan, richtete die Gebäude her und gründete ein Altersheim und eines, das für Bedürftige sorgte.

1890er

Nach der Schule kamen Kinder aus der Umgebung zum Haus auf der Farm gelaufen. Zuerst mussten sie einige Aufgaben erledigen, und dann erzählte die Frau, die noch immer einen entschlossenen Blick in ihren Augen hatte, ihnen wunderbare Geschichten über Mut, Freundschaft und Glauben. Danach gab sie ihnen Essen aus ihrem Garten und Eier, die sie mit nach Hause nehmen konnten.

1897

Ihr Name wurde in der ganzen Welt bekannt. Eine Königin aus einem fremden Land schickte ihr schöne Geschenke, um ihren Mut und ihre Stärke zu würdigen. Die Menschen reisten von weit her, um sie zu treffen. Um sie über Bürgerrechte und das Frauenwahlrecht sprechen zu hören. Und über Freiheit und Glauben.

Bis sie müde wurde. Nun war sie es, die versorgt werden musste.

Als es vorbei war, kamen die Menschen von nah und fern, um Abschied zu nehmen.

Dann kam ein Postkutscher mit seiner Frau zur Farm. Sie verliebten sich in das kleine rote Backsteinhaus auf der Farm mit seinen glänzenden Fenstern, den Hühnern und den Bäumen, die im Wind sangen. Sie strichen die Wände und polierten die Fenster. Und bald bekamen sie Kinder – drei Mädchen und drei Jungen.

Im Frühling tanzten sie im hohen Gras.

Im Sommer spielten sie im Bach.

1913

Im Herbst pflückten sie
Äpfel und Birnen von
den Bäumen.

Im Winter liefen sie Schlittschuh
auf dem Teich.

Und die ganze Zeit über
fuhren der Postkutscher
und sein treues Pferd
mit seiner Kutsche umher
und lieferten Pakete und
Früchte und Freude aus.

1917

Dann gab es wieder einen Krieg. Und junge Männer wurden weggeschickt – weit, weit weg –, um zu kämpfen.

Jeden Abend warteten der Postkutscher und seine Familie auf Nachrichten.

Als der Krieg zu Ende war, kehrten nicht alle jungen Männer zurück.

1918

1920er

Die Jahre vergingen, zwei, vier, sechs, acht. Die Menschen in der Stadt wollten ihre Pakete immer schneller geliefert bekommen. Also verabschiedete sich der Postkutscher von seinem treuen Pferd und besorgte sich einen hübschen Lieferwagen, mit dem er durch die Stadt fuhr und noch mehr Menschen Grüße und Freude überbrachte.

1930er

Dann stiegen die Preise – und stiegen. Der Preis für Butter verdoppelte sich und verdoppelte sich dann noch einmal.
Der Preis für Brot verdreifachte sich und verdreifachte sich noch einmal. Das Gleiche galt für Eier, Holz und Kleidung. Jeder Tag war für die Familie des Kutschers härter als der vorangegangene. Um sich warm zu halten, heizten sie mit dem Holz vom nahegelegenen Altersheim. Die Familie machte immer weiter.

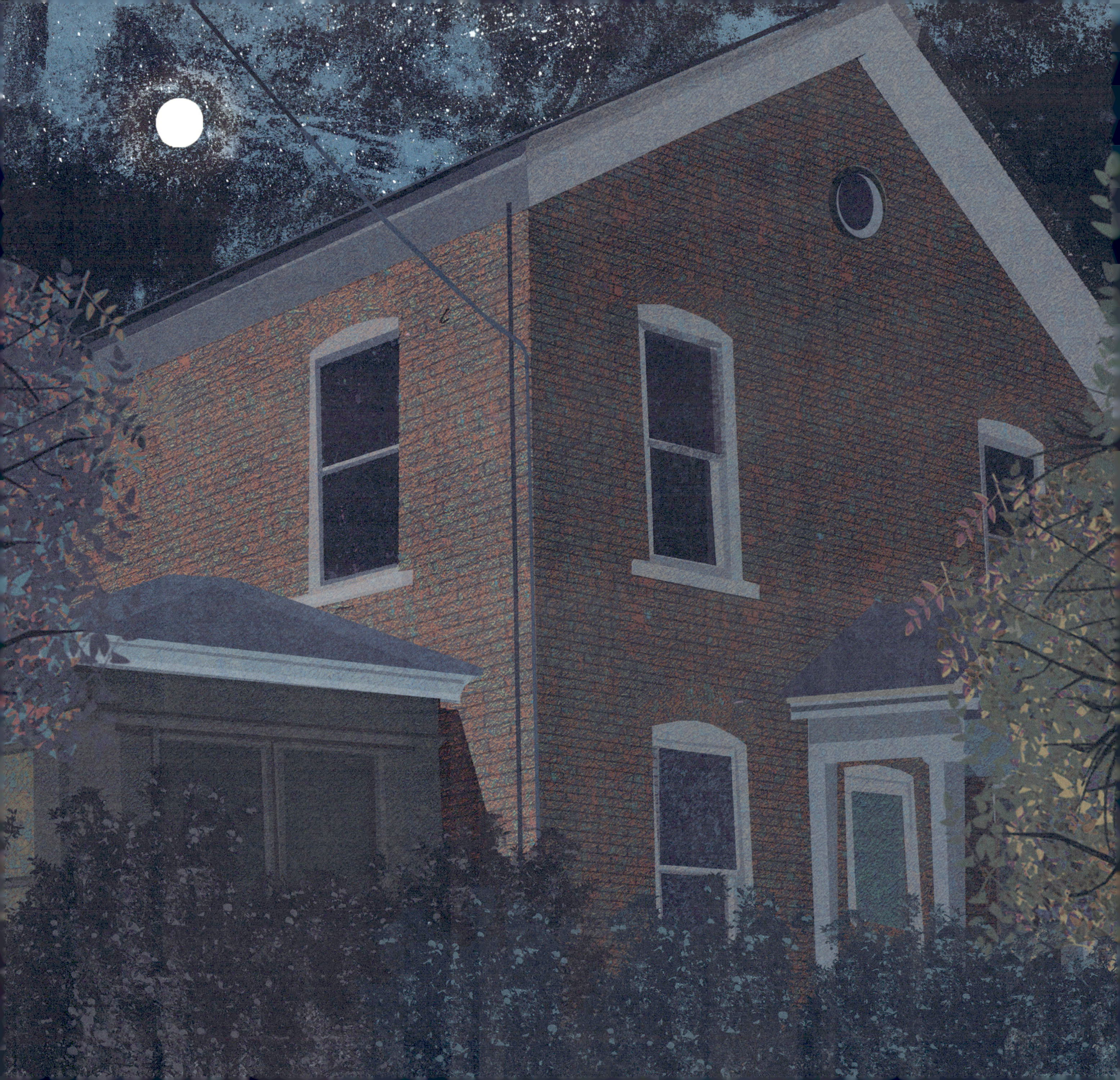

1940er

Es gab noch einen Krieg, und die drei Söhne des Kutschers zogen in den Krieg.

Eines Nachts heulte eine Sirene. Die Vorhänge mussten fest zugezogen werden, kein Lichtstrahl durfte hinausdringen. Die Geräusche des Krieges dröhnten aus dem Radio. Dann kamen alle Söhne heil zurück – sie waren überglücklich, als sie ihr Haus auf der Farm erblickten.

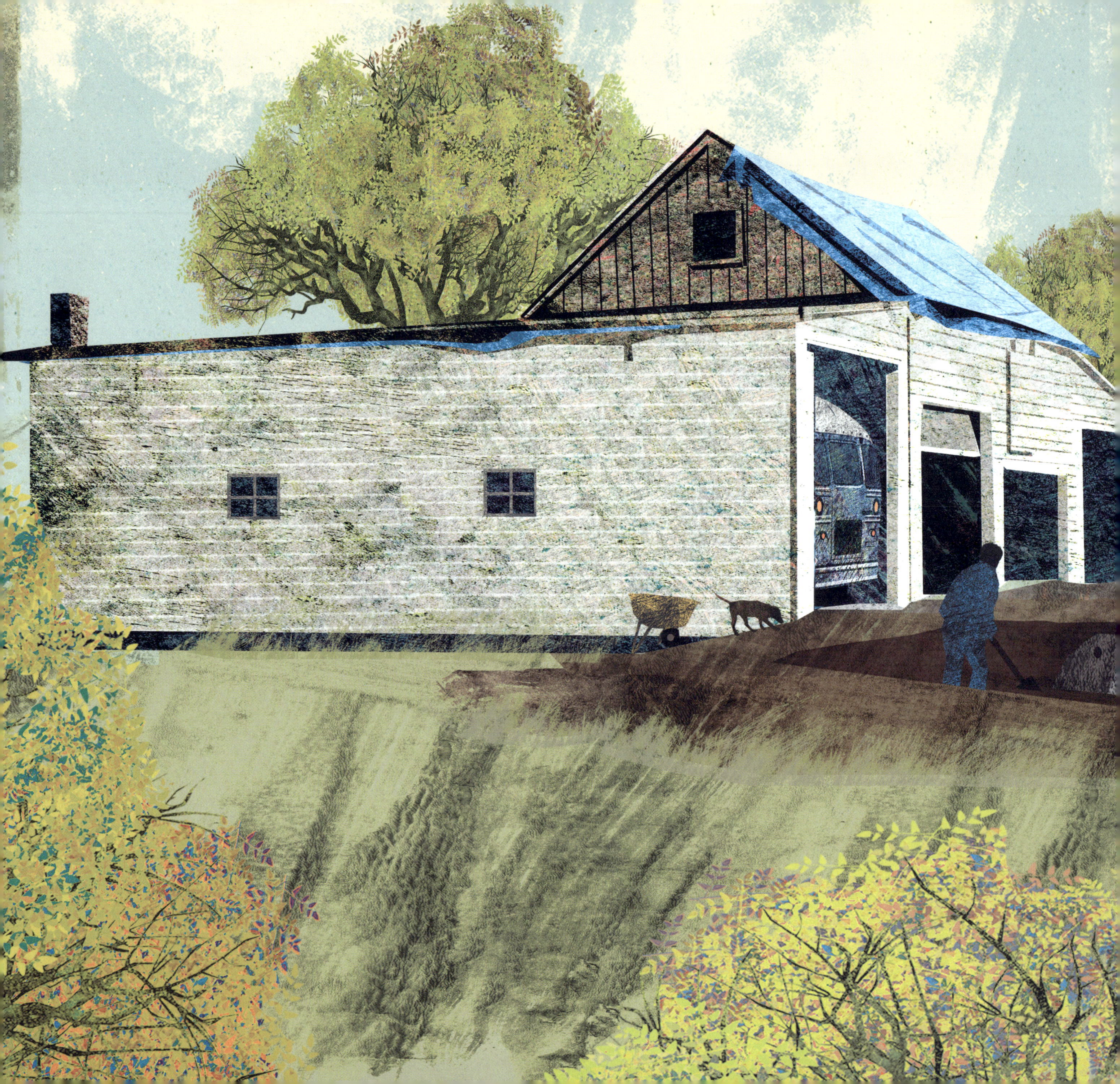

1960er

Der Kutscher wurde nun gebeten, Kinder zur Schule zu bringen. Also besorgte er sich einen Bus und strich ihn hellblau an. Er grub ein großes Loch in die Erde, in dem er einen Dieselöltank versenkte. Bevor er das Haus verließ, tankte er voll, dann holte er die Kinder ab – eins, zwei, drei, vier, fünf.

Doch es wurden immer mehr Kinder. Also besorgte der Kutscher noch mehr Busse. Jetzt war die Scheune zu klein geworden, also hob er das Dach an und machte mehr Platz zwischen den Wänden. Er grub ein weiteres Loch und versenkte noch einen Öltank. Und jeden Tag tuckerte er durch die Stadt.

Aber die Familie kümmerte sich nicht um das Haus auf der Farm. Die Farbe blätterte ab, die Dachrinnen bekamen Risse und das Gebälk splitterte. Das Gift aus den Tanks sickerte in die Erde und zerstörte das Land. Der Bach plätscherte nicht mehr. Die Bäume sangen nicht mehr im Wind. Die Tiere waren nirgends mehr zu sehen.

1970er

Und als die Familie gefragt wurde, ob die Frau mit dem entschlossenen Blick in dem Haus gelebt hatte, schüttelten sie den Kopf und logen:
NEIN. NEIN. NEIN.

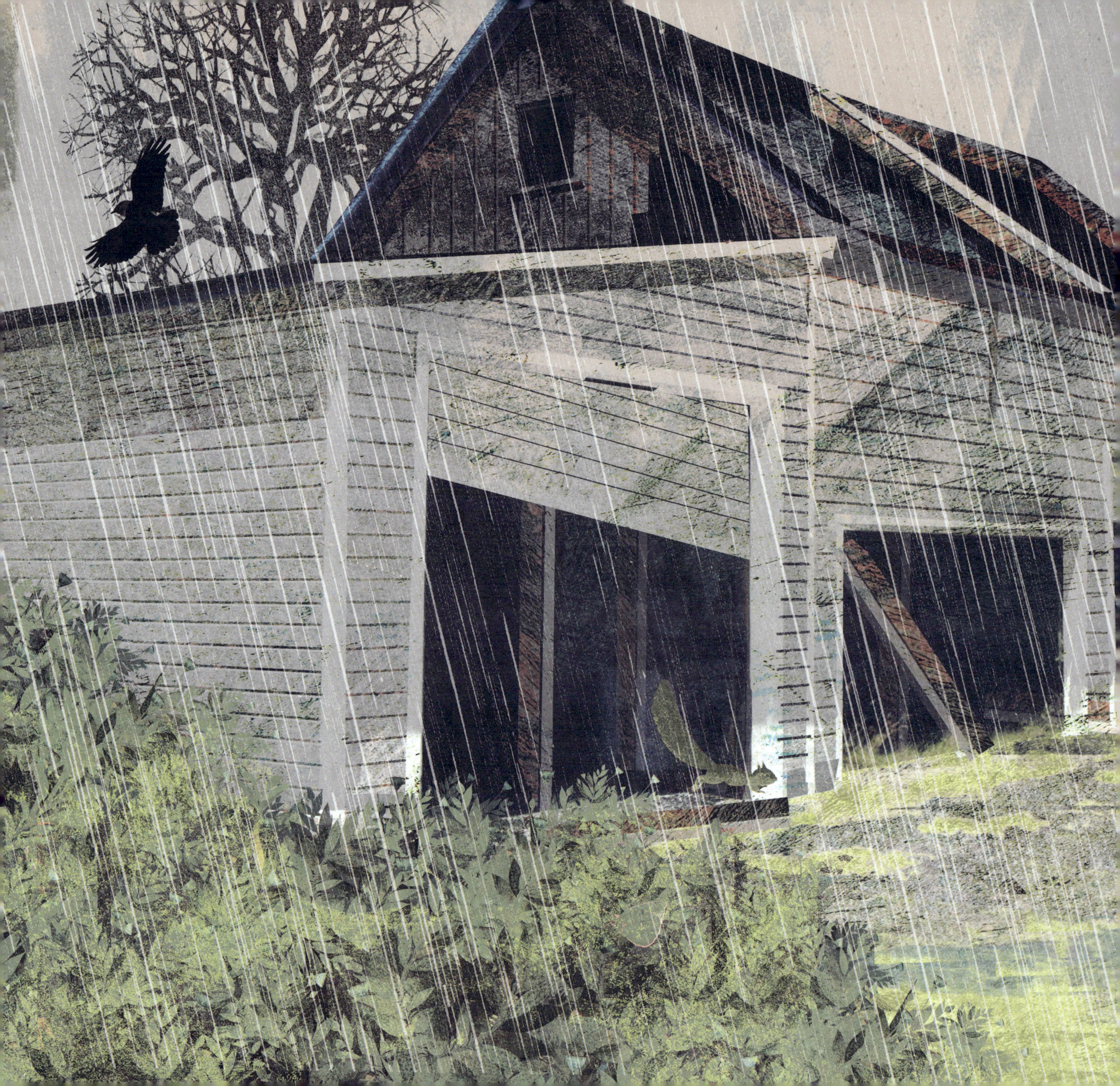

Fünf, zehn, fünfzehn Jahre vergingen.
Der Postbote und seine Frau waren alt geworden.
Ihre Kinder hatten eigene Kinder bekommen und
waren selbst alt geworden. Die Familie des Postboten
zog weg. Regen kam durch das Dach und den
Schornstein. Wind blies durch die Wände und
die Fenster. Gift sickerte immer weiter in
die Erde. Das Haus war wieder
ganz allein.

1980er

Doch die Frau mit dem entschlossenen Blick war nicht vergessen. Gemeindemitglieder der Friedenskirche kamen zu dem Haus und reparierten das Dach und den Schornstein und die Wände und die Fenster. Sie reinigten die Erde vom Gift.
Und sie erinnerten sich an die Geschichten von Freiheit und Gerechtigkeit und Glauben, die die Frau mit dem entschlossenen Blick erzählt hatte.

1990

Sie fanden wertvolle, tief vergrabene Schätze, die die Geschichte des Hauses erzählten.

Wieder einmal waren die Fenster des Hauses auf der Farm hell erleuchtet. Die Bäume sangen im Wind, der Bach plätscherte, und die Eichhörnchen schnupperten und huschten hin und her. Die Menschen kamen von nah und fern, um zuzuhören, zu lernen und Liebe im Herzen zu spüren.
Und so ging es mit dem Haus auf der Farm immer weiter.

Heute

## Die Männer und Frauen mit dem ruhigen Schritt

Das Land gehörte den Angehörigen der Cayuga Nation (das bedeutet „Volk des großen Sumpfes"). Das Land war von alten Wäldern, Flüssen, Feuchtgebieten und Seen bedeckt. Tiere liefen frei umher.

## Die Soldaten

Während des Revolutionskriegs (1775–1783) zwischen den USA und den Briten wurde die Cayuga Nation von amerikanischen Soldaten angegriffen. Die US-Regierung zwang die Cayuga, ihr Land im Rahmen des Vertrags von Canandaigua (1789) „abzutreten". In den folgenden 30 Jahren wurde das Land immer wieder von Spekulanten ge- und verkauft. Am 10. Oktober 1826 ersteigerte ein Richter namens Elijah Miller gut 20 Hektar dieses Landes, es lag in der Nähe der neuen Städte Auburn und Fleming im Staate New York, USA.

## Der Farmer

Der Name des Farmers war Nathan Burton. In den frühen 1840er Jahren pachtete er von Richter Miller 13 Hektar Land. Er produzierte Butter und Milch für die Anwohner, darunter auch für die Familie des Richters. Der Farmer und seine Frau wohnten zwar nicht auf diesem Land, aber ihr Haus befand sich in der Nähe.

## Die Tochter des Richters

Frances Seward (1805–1865) setzte sich für die Abschaffung der Sklaverei ein und kämpfte für die Rechte der Frauen. Sie half Frauen, Männern und Kindern, die der Sklaverei entkommen wollten, indem sie sie in ihrem Haus versteckte (ihr Haus war eine Station der „Underground Railroad"). Ihre Familie baute das Holzhaus 1859, kurz bevor Harriet Tubman es kaufte. Frances war mit dem Politiker William Seward verheiratet.

## Der Kutscher

Englend Norris (1866–1951) wurde in Somerset, England, geboren und reiste im Alter von zwölf Jahren allein in die USA. Englend war Landwirt in Fleming und kaufte das Haus auf der Farm 1913 für seinen Sohn Frank Norris (1890–1972) und dessen Frau Edith (1892–1989). Frank lieferte mit einem Pferdefuhrwerk und später mit einem Lieferwagen Post und Waren an die Bevölkerung aus. Der erste Sohn von Frank und Edith, Seward (benannt nach dem Ehemann der Tochter des Richters), wurde 1915 in dem Haus geboren. Frank Norris' Cousin ersten Grades, Hubert Norris, fiel in Frankreich nur wenige Tage vor Ende des Ersten Weltkriegs (1914–1918). Während der Weltwirtschaftskrise (1930–1939) kämpften viele Familien in Fleming und Auburn darum, über die Runden zu kommen. Die drei Söhne des Kutschers (Seward, Donald und Harry) kämpften im Zweiten Weltkrieg. Ab 1959 transportierte die Familie Norris Kinder mit Beeinträchtigungen zu den örtlichen Schulen. Die Schulbusse wurden in der Scheune hinter dem Haus untergebracht. Nach Franks Tod wurde das Unternehmen von seinen Söhnen Donald und Harry Norris weitergeführt. Die Schwiegertochter des Kutschers, Alice (1923–2010), bewohnte das Haus bis 1989.

**Die Frau mit dem entschlossenen Blick**

Harriet Tubman (1822–1913) wurde an der Ostküste von Maryland in die Sklaverei hineingeboren. Im Jahr 1849 befreite sie sich und floh nach Norden, zunächst nach Pennsylvania, später nach New York. Im Jahr 1854 kehrte sie nach Maryland zurück, um ihre Brüder zu befreien, und 1857 erneut, um ihre Eltern zu befreien. Sie brachte sie nach Kanada, wo ihre Eltern mit der Kälte zu kämpfen hatten. 1859 kaufte sie von Frances Seward knapp 13 Hektar Land und das Farmhaus. Bald darauf zogen ihre Eltern und einer ihrer Brüder in das Haus ein, mussten aber fliehen, als sie davon hörten, dass „Sklavenfänger" nach Harriet suchten. Im Jahr 1860 half sie der Familie Ennals, der Sklaverei zu entkommen. Insgesamt kehrte sie mindestens dreizehn Mal nach Maryland zurück, um Versklavte zu befreien. Bei diesen Einsätzen war sie als „Moses" bekannt. Harriets Eltern und ihr Bruder zogen Anfang 1860 wieder in das Haus ein. Während des Amerikanischen Bürgerkriegs (1861–1865) arbeitete Harriet als Späherin, Spionin und Krankenschwester. Sie war die erste Frau, die eine bewaffnete Militäroperation in der US-Armee leitete. Harriet Tubman heiratete Nelson Davies im Jahr 1869. 1874 adoptierten sie ein Baby namens Gertie. Das Haus brannte 1880 nieder, und die Familie baute es mit Ziegeln von der Farm wieder auf. Harriet verkaufte Lebensmittel aus ihrem Garten und sammelte Abfall von Nachbarn, den sie an ihre Schweine verfütterte (einmal starben viele Schweine an Rattengift, das im Abfall gewesen war). 1896 erwarb sie etwa 10 Hektar Land nebenan, wo sie ein Altersheim betrieb sowie die John Brown Hall für Bedürftige. In ihren letzten Tagen zog Harriet in die John Brown Hall. Königin Victoria von England schickte Tubman 1897 zu ihrem diamantenen Thronjubiläum einen Spitzenschal sowie eine Medaille.

**Die Friedenskirche**

1903, zehn Jahre vor ihrem Tod, schenkte Harriet Tubman das etwa 10 Hektar große Grundstück der African Methodist Episcopal Zion Church. Sie renovierten und erweiterten das Altersheim und die John Brown Hall und eröffneten sie 1908 unter großem Jubel wieder. Im Jahr 1990 erwarb die Kirche die ursprünglichen knapp drei Hektar mit Harriets Backsteinhaus. Sie arbeiteten unermüdlich daran, das durch das Ölleck vergiftete Land zu reinigen und die Gebäude zu renovieren. Heute verwaltet die Harriet Tubman Home Inc. (unterstützt von der AME Zion Church) das Anwesen. Sie hat eine Partnerschaft mit dem National Park Service. Jahr für Jahr wird die Stätte von Tausenden von Menschen besucht.

**Dank gebührt** Douglas Armstrong, Jessica Armstrong,
John Auwaerter, Jess Bowes, Ruth Bradley, Rev. Paul Carter,
Kate Clifford-Larson, Beth Crawford, David Gaynor Yearsley,
Michele Jones Galvin, Judith Gladys Bryant, Autumn Haag, Karen Hill,
Michael Long, Jeff Ludwig, Karen Kuhl, Rev. Paris Price, Annette Richards,
Joyce Stokes Jones, Linn Sullivan und Ahna Wilson.

Ebenfalls in dieser Reihe:

**Sommerhaus am See** ist „ein umfangreiches Bilderbuch, in dem Thomas Harding deutsche
Geschichte erzählt, eindrucksvoll begleitet von den wunderbaren Illustrationen von Britta
Teckentrup, der es gelingt, die jeweilige Stimmung der Zeit unheimlich gut einzufangen".
*Maria Linsmann, DLF Kultur*

**Das alte Haus an der Gracht** „gibt dem Anne Frank Haus ein
Gesicht durch die vielen unterschiedlichen Bilder, und
es gibt ihm auch seine Geschichte zurück. […]
Dieses wirklich sehr eindrucksvolle Kinderbuch
macht Geschichte für Kinder fassbar,
in einzelnen Menschen und
Lebensgeschichten".
*Sylvia Schwab,
DLF Kultur*